呀，成语就是历史

第1辑

战国 2

国潮童书 / 著　　丁大亮 / 绘

台海出版社

目录

前面我们说到，颜斶站着不肯动，他说自己走过去是拜倒在权势之下，齐宣王走过来就不同了，是礼贤下士呢！

齐宣王一听，赶紧过去迎接他，和他聊了很多，越聊越佩服，都想拜颜斶为师了。

签下它，美好生活立刻拥有！

齐宣王

拜师待遇
吃：顿顿有肉
行：豪车接送
家：品牌服饰
住：精装美屋

颜斶

可颜斶却表示自己不需要这些，他还是想回家，

wǎn shí dàng ròu
晚　食　当　肉，

ān bù dàng chē
安　步　当　车。

"晚食当肉"的意思是饿了再吃东西，吃什么都会觉得和吃肉一样美味。"安步当车"的意思是慢慢地走，当作坐车。这两个成语常常连用，指人不热衷（zhōng）于名利，精神富足，能够安守贫贱（jiàn）的生活。

齐国能提供的物质条件人家都看不上，齐宣王只好放颜斶回去了。

大家都称赞颜斶这样是

fǎn　pú　guī　zhēn
返　璞　归　真。

"璞"是未经雕琢（zhuó）的玉。这个成语的意思是去掉外表的装饰，返回到质朴、纯真的状态。

颜斶不来没关系，**儒家"亚圣"孟子来了！**

据说孟子到过齐国三次，前前后后在稷下学宫住了近三十年。他经常和齐宣王讨论，并且提了很多建议和忠告，希望齐宣王能采纳儒家的仁政思想。

您的课我可是一节不落（là）都听了！

可我让你干的事，你一件都不干呀！

齐宣王

孟子

齐宣王问孟子关于齐桓公、晋文公称霸天下的事。
孟子知道齐宣王想要靠征战扩张国土，
让秦、楚这样的大国臣服于齐国，从此君临天下。
于是孟子说，齐宣王用现在的做法想实现称霸简直是

yuán mù qiú yú
缘 木 求 鱼！

"缘"指沿着；"缘木"指爬树。这个成语的意思是爬到树上去找鱼。比喻方向或办法不对，做事达不到目的。

**那要怎么办呢？
当然是用"仁爱"去施"仁政"了！**

这个……齐宣王不懂，孟子举了个例子。
有个人能举起三千斤的重物，却拿不起一根羽毛；

míng chá qiū háo
能 **明 察 秋 毫**，

却看不见眼前满车的木柴，你相信吗？

这个成语比喻目光敏锐，能够看清极细微的东西。
"秋毫"是指秋天鸟兽身上新长的细毛。

孟子又说，现在齐国的百姓生活困苦，齐宣王是看不到，还是不想看到，不想去行仁义之道呢？

有点儿扎心了哟！

还有一次，孟子问齐宣王：有个人去楚国游历，把老婆孩子托给朋友照顾，回来却发现老婆孩子在挨饿受冻，怎么办？齐宣王立马说：绝交！

孟子问：要是监狱（yù）官没有管理好自己的下属，又该怎么办？齐宣王想也不想：罢免！

注意，扎心的问题又来了！

那要是君王没有治理好国家呢？

孟子

我对谁负责？对你负责吗？

倒也不必……

谁的国家？你的国家吗？

您、您的！

齐宣王

哈哈，齐宣王化解尴尬（gān gà）的办法就是

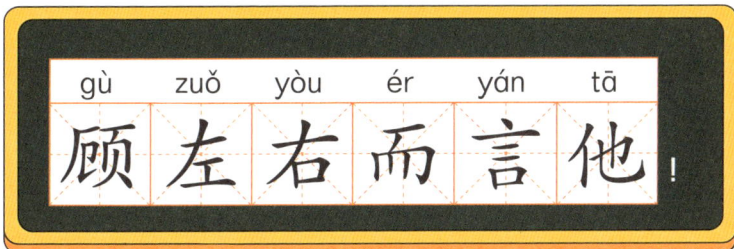

gù	zuǒ	yòu	ér	yán	tā
顾	左	右	而	言	他

！

意思是看着两旁的人，说别的话。形容没有话回答，有意避开话题，用别的话搪塞（táng sè）过去。

太敷衍（fū yǎn）**了！** 孟子的心都冷了，他说哪怕是世界上生命力最强的植物，先放在太阳底下晒一天，再放进冰窖（jiào）里冻十天，这棵植物也会死的。他用这个比喻，指齐宣王想要施行儒家仁政了，可被其他人的主张一影响，就放弃了。

成语

yī	pù	shí	hán
一	曝	十	寒

由此而来，

意思是晒一天，冻十天。比喻做事没有恒心，经常间断。"曝"指晒，不能写成"暴"。**你可以这样用：** 学习要坚持才会有效果，不能一曝十寒。

齐宣王的王后会隐身术吗？

你知道吗？齐宣王的王后钟离春是个会隐身的传奇人物。钟离春又叫钟无盐或钟无艳，据说她长得特别丑。

齐宣王很羡慕她有隐身本领。他研究了很多关于隐身术的书，可还是没学会。齐宣王跑去问钟无艳。钟无艳没有表演隐身，而是说齐宣王现在很危险，要改掉很多毛病，才能治理好国家，脱离危险。什么？好特别的女人呀！齐宣王还真欣赏她了，不但听从她的建议，还封她做了王后。这些都是《列女传》里说的。

元朝时，有人把钟无艳的故事编成了杂剧，在舞台上表演。于是钟无艳的传说一直流传至今。民间有俗语说齐宣王

yǒu shì zhōng wú yàn
有事钟无艳，

wú shì xià yíng chūn
无事夏迎春。

意思是齐宣王有搞不定的事就找钟无艳，没什么事就找漂亮的宠姬（jī）夏迎春。这个俗语现在专门形容人忘记别人对自己的好，反而做出对不起别人的事。你可不能这样对待你的亲人朋友哟！

不管怎样，齐宣王还是给儿子齐湣（mǐn）王留下了一个强大的齐国，强大到齐湣王可以和秦昭襄王并称

东西二帝，共分天下。

可惜，齐湣王除了享乐不输给老爸，在治国打仗方面完全比不上齐宣王。还好齐湣王有一个能力很强的堂弟——

孟尝君田文给他当国相，齐国才能维持较好的状态。

秦昭襄王听说孟尝君很贤能，想让他去秦国。

> 这次去秦国出差多带点行李，家里的事就不用操心了！

齐湣王

孟尝君

> 这是不想让我回来了吗？

孟尝君是"战国四君子"之一。他的封地在薛邑（xuē yì），所以他也叫薛公。《史记》里借赵国人的口说出他的形象"乃眇小·丈夫身"，也就是说他瘦小，不高大。

孟尝君到秦国后，秦昭襄王很看重他，要他当国相。

还没等孟尝君答应，**这好事就变成坏事了！**

原来有人跟秦昭襄王说孟尝君是齐湣王的堂弟，
以后在大事面前肯定会倾向齐国，不适合当秦国的国相，
最好的办法是把他关在秦国，不让他回齐国辅佐齐湣王。
秦昭襄王觉得挺有道理，马上把孟尝君囚（qiú）禁起来。

这也太不幸了吧？ 孟尝君这经历简直像坐过山车呀！

救命啊！

sōu
嗖

孟尝君

薛公坚持住！营救方案马上就好！

孟尝君不怕，他手下的门客在想办法呢！

门客们很快制订了方案——让秦昭襄王的宠姬去劝说他放人。

宠姬的条件是要孟尝君送给秦昭襄王的那件白色狐皮裘！

白狐皮裘**只有一件**，已经送给秦昭襄王了，怎么办？

有办法！ 一个门客装扮成狗钻进秦宫仓库，盗取了那件白狐裘又献给宠姬。宠姬如约替孟尝君说情，秦昭襄王释放了孟尝君。

> 你这么高大，怎么进去的？

孟尝君

> 为了薛公，我练习钻狗洞十年了！

孟尝君可不想再这样了，他和门客们连夜逃跑……

不好！ 秦昭襄王一转身就后悔了，

马上派人去追。半夜时，孟尝君一行人来到函谷关。

这时，函谷关的门关着，要等到公鸡打鸣才会开门放行。

紧急时刻，一个门客站出来学公鸡叫，

附近的公鸡跟着一起叫起来，大家终于顺利出关了！

这就是成语 **鸡鸣狗盗**（jī míng gǒu dào）的故事。

这个成语的意思是学鸡打鸣、学狗偷盗。比喻有卑微的技能。

孟尝君的门客真是什么"人才"都有呀！

他还有一个很特别的门客，名叫冯谖（xuān）。冯谖去投奔孟尝君时，孟尝君问他有什么特长，他说没有；孟尝君又问他有什么爱好，他也说没有。孟尝君笑了笑，把他留下来了。

没想到过了一阵子，冯谖突然弹着佩剑，唱起了歌——

当里个当，当里个当，
闲言碎语不要讲，
表一表咱家大食堂，
菜里无鱼心发慌……

冯谖

孟尝君

给他加鱼！

齐国就业在薛城，
路面不平全是坑。
上班没有车马送，
一路走来脚生疼。

冯谖

孟尝君

给他配车！

长剑长剑咱们走，
这里住房太抢手。
即便奋斗了很久，
连个房子都没有。

冯谖

孟尝君

给他分房！给他妈妈养老！

冯谖对待遇满意了就不唱歌了，而是努力帮孟尝君做事——

去薛邑收债（zhài）。

去之前，冯谖问孟尝君收了债后有什么要买的。
这有什么好问的，缺少什么就买什么呗！

结果冯谖的做法把孟尝君的下巴都惊掉了！

原来他核对完债券（quàn）后，以孟尝君的名义免了大家的债，**把债券都烧了。** 他说他这是替孟尝君买"仁义"。

这就是 **"焚（fén）券市义"** 的典故，

也有人说是 **"千金买义"** 。

我的心在滴血！

冯谖

孟尝君

您什么都不缺呀，这"仁义"可以多买点！

这样，孟尝君的声誉越来越好，齐国境内很多人只知道孟尝君，

不知道齐湣王。**齐湣王那颗小心脏呀，**

嫉妒得不行！ 他找了个借口罢了孟尝君的官职。

官职没了后，孟尝君的很多门客也跑了。

可冯谖没有走。 安慰孟尝君说，这很正常，

就像早上赶集，大家都挤着去买东西；

到了下午，大家都甩着胳膊离开。

这就是成语 **掉臂不顾**（diào bì bù gù）的由来。

意思是摆动着手臂，头也不回。形容一点儿也不关心。

孟尝君只好回到他的封地薛邑。

在离封地还有百里时，孟尝君就看见薛邑的百姓

扶老携幼（fú lǎo xié yòu），在路旁迎接他。

我看到你帮我买的"仁义"了！

欢迎回家♥

冯谖

孟尝君

值了吧！

接下来，冯谖要孟尝君向兔子学习，做三个窝。成语

jiǎo tù sān kū

狡兔三窟 就是从这里来的。

意思是狡猾的兔子有三个藏身的洞。比喻藏身的地方多，便于逃避灾祸。

薛邑这地方算一个"洞"，还需要再有两个才安全。
冯谖主动说他来帮忙，"挖"后面两个"洞"。

怎么挖? 他带着五十辆车、五百金来到魏国，
说服魏惠王让孟尝君做魏国的国相。
魏惠王当然不会错过这个机会。
他马上派使臣带着一百辆车、一千金去聘请孟尝君。
第二个"洞"成了!

冯谖要孟尝君坚决不答应，魏国使臣往返了三次，
搞得天下都知道了。齐湣王听说后，郑重地向孟尝君道歉，
请孟尝君继续做齐国国相。
冯谖劝孟尝君趁机让齐湣王"立宗庙于薛"，再回去当国相。

好弟弟，原谅哥哥吧！

齐湣王

孟尝君

拉个钩，以后不能赶我走！

古人有祖先崇拜。齐湣王"立宗庙于薛"后，不但不能随便取消孟尝君的封地，而且要加以保护。

这下，第三个"洞"也挖好了，

孟尝君可以 **高枕无忧** 了！

gāo zhěn wú yōu
高 枕 无 忧

这个成语的意思是垫高枕头睡觉，没有忧愁和顾虑。现比喻思想麻痹（bì），丧失警惕。

真的可以高枕无忧了？并不能！

没过几年，孟尝君就被齐湣王逼到了魏国。

逼走孟尝君，齐湣王可以高枕无忧了吗？**也不能！**

前些年，齐湣王仗着齐国武力强大，打了燕国打宋国，
得罪了好多国家。大家都想找机会报仇。这一年，
燕国的燕昭王联合其他国家，还有在魏国的孟尝君，
一起攻打齐国。燕国大将乐（yuè）毅更是率军攻进齐国都城临淄，
抢了齐国的玉玺（xǐ）。

齐湣王被逼得到处逃亡，可没有哪个国家愿意收留他，
最后他死得很惨。而孟尝君后来就住在薛地，
这个地方不属于任何国家。可他死后，他的子孙被齐、魏联合杀害。

齐湣王死了，齐国就这样完了吗？
不！时候还没到呢！

我要复国！

田单

齐国大将军田单在即墨坚守，集结最后的力量，准备反攻。
他先用计让燕国换了名将乐毅，然后假装投降，
利用**火牛阵**一举击溃燕国军队。

这一招就叫

chū qí zhì shèng
出 奇 制 胜。

意思是在敌方意料不到的时候或地方出击。泛指出乎别人意料之外。**你可以这样用：**明天篮球赛的对手太强大了，我们得想个办法出奇制胜。

燕国被打回原形，齐国很快收复失地，
齐湣王的儿子齐襄王即位。田单立了这么大的功，
齐襄王会好好对他吧？**没有！** 国家都差点被灭了，
齐襄王不懂

qiān jīn yì dé
千 金 易 得，

yī jiàng nán qiú
一 将 难 求

的道理！

这个谚（yàn）语指求得杰出人才，比得到千金还难。

赵国看田单这么能打，眼红呀！
于是赵王跟齐襄王说用城池来换田单，
齐襄王竟然同意了！

用你换座城池，我觉得值！

齐襄王

田单

至此，齐国元气大伤，无心也无力称霸了。
而秦国却越来越强大。
由于离秦国最远，齐国是最后一个被秦国灭掉的国家。
准确来说，齐国连打都没打，是主动投降的。

4

赵国：

一个"战斗"强国的兴衰

听说三家分晋，赵国分到了最大的一块地呀！

赵武灵王

唉，大是大，就是老挨打！

赵国分的地盘确实大，但四面平坦，没有什么山川河流做屏障，

sì miàn shòu dí

四面受敌，

是有名的"四战"之国！

这样的地形导致赵国在战国的前几十年里，
一直努力地应付各方小伙伴的骚（sāo）扰，十分疲惫。

这不，硬扛了二十多年的赵肃侯才去世，
秦、齐、燕、楚、魏五国就都来"安慰"才十五岁的赵武灵王。
他们不光带了"慰问品"，还带来了军队！

咱们帮忙吃一点吧！

这主意不错！

五国想得真美！ 赵武灵王可不是个怕事的主儿！
赵武灵王一方面命令全国戒严，边境进入一级戒备状态；
另一方面派人给韩、宋、中山等国家送了一堆礼物，
请他们出兵打一下这几个"强盗"。
他还下令，只允许参加丧（sāng）礼的使者进来，

军队绝对不能进！

虽然做这些只是让赵国看起来厉害，
但赵武灵王这不怕事的霸气，
赵国这"打不过也要咬你一口"的气势，
还是让五国有些意外和犹豫。五国最终选择了撤退。
那赵国什么时候才变得真正厉害呢？

那得等到十八年后，
赵武灵王进行"**胡服骑射**"的军事改革了。

"胡服骑射"指学习游牧民族穿短衣、骑快马、用弓箭。

原版　　　　　　　　　　**胡服骑射版**

赵武灵王

就是帅！

赵武灵王

这打扮简直是辱没老祖宗呀！

你可别以为"胡服骑射"只是换件衣服那么简单，
穿胡服在当时可是"犯忌"的大事！
胡人的衣襟（jīn）开在左边，而中原地区只有离世之人
才穿左衽（rèn，指衣领）的衣服！

古代人的衣襟是右开的，像英文字母"y"，如果左
开，就像是"ɣ"（反 y）。不过赵武灵王改革时保
留了右衽，只是把宽袖长衣改成了窄袖短衣。

这不是开历史的倒（dào）车吗！

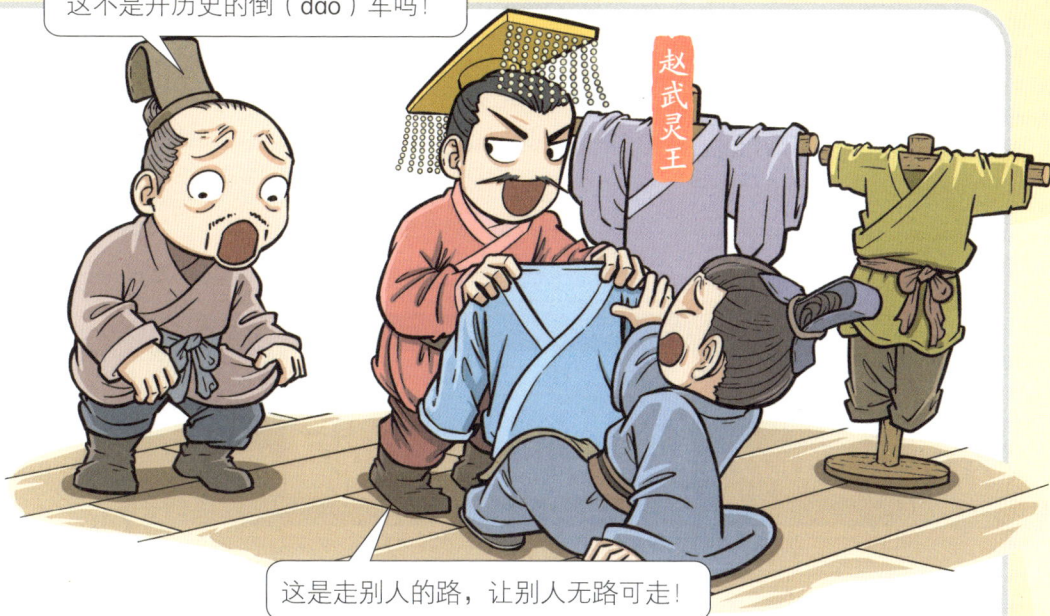

赵武灵王

这是走别人的路，让别人无路可走！

这"改装"是个新潮流，人们一时心理上接受不了呀！

还好赵武灵王决心很大，他坚持发布命令。

时间一长，大家慢慢地接受了，并感受到了**穿胡服的好处。**

省！原来做一套衣服的布料，现在能做五套呢！

好！好身材，看得见！

快！衣服不绊脚，一天的活儿半天就干完了！

哈哈，据说赵国人连走路的姿势都更潇洒了！

有个燕国少年听说了，跑到赵国都城邯郸学习赵国人走路的姿态。
结果，他不仅没学会，还忘了自己原来走路的姿势，
最后只能爬着回去。

这就是成语 **邯郸学步**（hán dān xué bù） 的由来。

比喻模仿别人不到家，连自己原来会的东西也忘了。用于贬义。
我们学习别人的方法要看适不适合自己，不然就会变成"邯郸
学步"了。它和我们原来学过的成语"东施效颦（pín）"意
思相似。不过，"邯郸学步"是强调学习别人的，忘掉自己的；
而"东施效颦"是强调不顾实际情况，一味照抄。

"胡服"的问题解决了，那"骑射"呢？
人、马、技术……都是难题！

那时候骑马，连上马和踏脚的马镫（dèng）都没有！
马鞍（ān）就是一个软垫，也没什么实际作用。
上了马要坐稳，全靠双腿夹紧马肚子。
这条件，找个能翻身上马的人都难！

战马也是问题——
拉车的马和战马在能力上根本不是一个水平。

还有技术呢？

要知道，骑在飞驰的马上射箭，跟站在缓慢的战车上射箭，

完全不是一回事！

选人，买马，请专家（胡人）！

赵武灵王

厉害了，赵武灵王一下就找到了问题的关键！

仅仅用了一年时间，他就训练出了一个

战斗力超强的骑兵团——"赵边骑"！

说到这里，你可能会想到，春秋时期的秦国不是也有骑兵吗？
有是有，但规模和专业程度哪能和赵武灵王的"赵边骑"比呢？
在宽阔的平原，一个专业的"赵边骑"等于八个步兵；
在狭窄的山道，一个专业的"赵边骑"也抵得上四个步兵。

实力要怎么证明？拿中山国练练手！

你们不按套路出招啊！

赵武灵王

中山国在赵国的腹地，时不时就闹出点动静，让赵国"肚子疼"。赵国早就想吞并中山国了。

连着十来年，"赵边骑"不断地向中山国发起进攻，作为战国第八强的中山国最终还是被灭了。

成名作有了！ 赵武灵王又对北方的林胡、娄烦等部落发动进攻，夺取了边境以北上千里的土地，然后将这些部落赶到更远的北方。

外卖到了，趁热吃！

中原的物流配送已经覆盖到阴山了！咱们回不去了……

赵肃侯在位时就一直在修建长城。赵武灵王又沿着阴山山脉修建了一段长城，并设置了云中、雁门等郡。其中高阙塞（gāo què sài）一直是中国历史上的边关重镇。

可惜的是，赵武灵王治国是超级天才，治家却不灵！ 他不到四十岁就宣布要退休做太上皇，自封"主父"。赵武灵王先是废掉原来的太子，立二儿子为国君；后来又同情大儿子，想把赵国一分为二。

这拨操作，搞得两方矛盾重重，

最后赵武灵王居然在权力斗争中被活活饿死了！

什么？他就这样死了？

> 我错了！我应该六十五岁再退休的！
> 我的"赵边骑"还没跟秦国比过呢！

赵武灵王

二儿子继位成了赵惠文王。语文课本里《将相（jiàng xiàng）和》

中的"赵王"就是他。**这时，天下格局变了——**

西边的秦国努力了好多年，国力强大。

拥有赵边骑的赵国，是六国中唯一能跟秦国抗衡的。

甚至可以说，**秦赵两强争霸的时代来临了，**

秦赵必有一场大战！

可在赵惠文王在位的三十多年里，这一仗愣是没打起来！

让我捋（lǚ）一捋手里的牌。

秦昭襄王

在这期间，秦国并不"老实"，
一直利用各种机会探赵国的底——
比如，秦昭襄王提出要用十五座城池换取赵国的和氏璧。

一块玉值十五座城？那是有多宝贝呀！

形容物品十分珍贵的成语

jià	zhí	lián	chéng
价	值	连	城

就是由此而来的。

明知道秦国是在试探，赵国还是发愁了：

给吧，秦国"信用值"低，换玉只怕会变成送玉；
不给吧，秦国还以为赵国胆小呢！而且秦国正需要一个
开战的理由。这时，有人推荐让蔺（lìn）相如出使秦国。

蔺相如对赵惠文王说，即使秦国耍赖皮，

他也保证会 **完 璧 归 赵**。
wán bì guī zhào

意思是将和氏璧完好地从秦国带回赵国。现比喻把物品完好地归还给原主人。**你可以这样用：** 你放心，我借了你的东西，用完后一定会完璧归赵的！

蔺相如来到秦国，见到秦昭襄王，恭恭敬敬地双手递上和氏璧。果然，秦昭襄王非常喜欢和氏璧，还让左右的人传看，却完全不提十五座城池的事。

想耍赖？ 没门儿！

蔺相如说，和氏璧上有个小黑点。
秦昭襄王连忙把玉递给他，让他指出来。

你知道的，蔺相如在使诈！

他一拿到和氏璧，就紧靠着一根大柱子，举起和氏璧，

怒 发 冲 冠 地和秦昭襄王对峙（zhì）。
nù fà chōng guān

"冠"是帽子。这个成语指愤怒得头发直竖，把帽子都顶起来了。形容愤怒到了极点。

秦昭襄王

想要玉，拿城来！不然我就和玉一起撞到柱子上！

我又没说不给，你这么生气做什么？

蔺相如

这是玩命呀！玩命事小，玉碎事大！

秦昭襄王看他这架势不像是开玩笑，就赶紧叫人拿地图来，**随便圈了十五座城做表示。**
蔺相如知道秦昭襄王根本不想用城换玉，就提出一个要求：请秦昭襄王五天不吃肉不喝酒，洗澡并穿上整洁的衣服，再举行庄重的仪式来交接和氏璧。秦昭襄王同意了。
蔺相如会相信他吗？并不！ 一回住所，蔺相如就派人扮成秦国人的样子，走小路把和氏璧送回赵国了。

过几天，宝贝就到手了！

秦昭襄王

蔺相如

货物已经安全送回国了！

到了交接的那天，蔺相如说和氏璧已经送回去了，
秦国想要和氏璧，可以，先交城！赵国可不敢说话不算数。
秦昭襄王又生气又无奈，只能好好地招待蔺相如，
客客气气地放他回了赵国。

谢谢招待啊，再见！

蔺相如

秦昭襄王

和氏璧现在还在吗？

问这个问题的你，一定是想有机会要看一看和氏璧的样子吧？让我们从和氏璧的传说里寻找答案吧！

和氏璧为什么叫和氏璧呢？这和春秋时期楚国一个叫卞（biàn）和的人有关。一天，卞和在荆（jīng）山看到一只凤凰停在一块石头上。因为以前有"凤凰不落无宝之地"的说法，卞和认为这块石头肯定是个宝物，就搬回去献给楚王。他献给两任楚王，却都被误认为是骗子。第三次献石时，这一任的楚王终于愿意相信他。楚王找人切开石头，发现里面果然有宝玉。因卞和献玉有功，楚王把这块玉命名为"和氏璧"，并当作楚国的国宝。

那楚国的国宝怎么到赵国来了？一种说法跟张仪有关。战国时，楚威王把国宝和氏璧奖励给了有功的大臣尹昭阳。有一天尹昭阳举办宴会，要拿国宝出来给大家欣赏，却发现它不见了。有人说是张仪偷的。张仪被打了个半死也没有承认罪名。到底是谁偷的？这案子到现在都没有破呢！后来一个赵国人在赵国的集市上发现了和氏璧，买回来献给了赵王。

再后来呢？《史记》里说秦始皇得到了它，并制成了传国玉玺，想要永远传下去。可传着传着玉玺就不见了。也有人说，哪里传下去了，玉玺早就被秦始皇带进自己的陵墓（mù）里了！

传说太多了，你想看和氏璧到底长啥样，估计很难实现了。不过咱们可以学几个跟和氏璧有关的成语。

比如，卞和献玉的故事用成语说就叫

bái	bì	sān	xiàn
白	璧	三	献

，比喻有才华而没有被发现。

和氏璧是在荆山发现的，

jīng	shān	zhī	yù
荆	山	之	玉

指世间稀有的珍品，也指不同于一般的人才。

而

yǒu	yǎn	bù	shí	jīng	shān	yù
有	眼	不	识	荆	山	玉

就比喻没有眼光，识别不出人才或珍宝。

春秋时期的随侯珠（传说中的夜明珠）与和氏璧齐名，

suí	zhū	jīng	yù
随	珠	荆	玉

就泛指珍宝或珍宝中的上品。

cái	huái	suí	hé
才	怀	隋	和

就是形容具有罕见的才能。

跟和氏璧有关的成语讲得差不多了。这次"跑题时间"真跑远了，我也希望和氏璧还在，这样就有更多的故事了！

怪我才怀隋和，懂得太多了！

回正题！

过了一段时间，秦国又来试探了。秦昭襄王在渑池开大会，邀请赵惠文王参加。**怕不是有诈吧？**

赵惠文王担心自己去了回不来，就把接班人安排好，带着蔺相如前往渑池，又让大将军廉颇（lián pō）率十万大军在边境接应。

我的面子靠你了！

我的小命靠你了！

蔺相如

赵惠文王

廉颇

开会就开会吧，秦昭襄王突然想听音乐了。

找谁演奏呢？——就你啦！赵惠文王，弹琴给大家助助兴吧！ 史官哪里去了，记得写上"某年某月某日，赵王为秦王弹琴助兴"啊！

赵惠文王听后肺（fèi）都气炸了！

这不是摆明了说赵国屈服于秦国吗？他还要不要面子了？

为了赵国的**"面子"**，
蔺相如拿起一个缶（fǒu，一种敲击乐器），
走到秦昭襄王跟前，请他演奏。秦昭襄王不肯。
蔺相如跪下来请求，秦昭襄王还是不干。

这赤裸裸的威胁，谁能招架得住呀？

秦昭襄王只能敲了一下缶，蔺相如马上喊赵国的史官记下来：
某年某月某日，秦王为赵王击缶。
吃了瘪（biě）的秦昭襄王怎么会甘心呢？他又出了很多"招"，

可都被蔺相如一一化解了。

一场大会下来，秦昭襄王没占到半点便宜！
蔺相如保住了赵国的颜面，**这功劳多大呀！**

蔺相如也因此有了一个专属成语——

miǎn chí zhī gōng

渑池之功。

本来指蔺相如在渑池会上不怕秦昭襄王，为赵国立下功勋（xūn）。后来泛指为国立下巨大功勋。

蔺相如

上卿

哼！就会耍嘴皮子而已。

廉颇

蔺相如在外交上威风十足，在国内却低调不张扬。

怎么回事？ 原来他当了上卿，官职比老将军廉颇还大。廉颇不服气，扬言要当面给他点"颜色"看看。

但是蔺相如不想和廉颇发生冲突，每次都选择避让。蔺相如这样老鼠躲猫似的躲着廉颇，他的门客都看不下去了，问他为什么这么怕廉颇。

我连秦王都不怕，怎么会怕大将军呢？

蔺相如

廉颇

那是为什么呢？ 蔺相如说：秦国不敢打赵国，是因为赵国有他和廉颇大将军。**如果他们闹矛盾，将相失和，那赵国就危险了！** 为了国家的利益让一让，境界太高了。

这些话很快就传到廉颇那里，廉颇觉得非常羞愧。他脱下战袍，背上荆条，到蔺相如府上请罪。

这就是

fù	jīng	qǐng	zuì
负	荆	请	罪

。

"负"是"背着"的意思，"荆"指荆条。意思是背着荆条请罪。表示主动向人认错赔罪，请求责罚。**你可以这样用：** 我弄坏了他的东西后向他负荆请罪，希望他能原谅我。

《史记》上说，
他们俩从此成了

wěn	jǐng	zhī	jiāo
刎	颈	之	交

。

比喻可以同生死、共患难的好朋友。注意，"刎颈"只是形容，不是真的要"刎颈"！

其实在赵惠文王时期，像蔺相如和廉颇这样的人才，赵国还有不少。比如和廉颇共掌兵权的赵奢（shē）将军既有文才，又通武艺，是全面发展的人才。**赵奢也是个硬骨头。**
他当将军之前负责收税。有一次，平原君赵胜家的管家带着几个仆人闹事不缴税。赵奢没有犹豫，

依照国法把他们全杀了，
一点也不顾及平原君的面子！
平原君气得要杀赵奢解恨。

你打狗也要看主人呀！我不要面子的吗？

平原君

赵奢

逃税不行。奉公守法，您要带头！

哈哈，他还劝平原君要带头

fèng	gōng	shǒu	fǎ
奉	公	守	法

呢!

这个成语的意思是奉公行事，遵守法令。指遵守法令制度，不违背法令，不以自己的利益为主。用于褒义。

还好平原君听劝，被他说服了，

还把他推荐给赵惠文王。赵奢负责管理国家赋（fù）税时，赵国国库充实，百姓富裕。

后来，秦国进攻韩国，把军队驻扎在阏与（yù yǔ）。赵惠文王问廉颇能不能去救援。廉颇表示很难，因为距离远，地势险峻，道路又狭窄。

赵惠文王又问其他人，意见都差不多。

问到赵奢时，他打了个

liǎng	shǔ	dòu	xué
两	鼠	斗	穴

的比方。

这个成语比喻敌对双方在地势险峻、道路狭窄的地方相遇，只有勇敢地一直往前才能获胜。

现在我们常说的

xiá	lù	xiāng	féng	yǒng	zhě	shèng
狭	路	相	逢	勇	者	胜

也是来源于这个故事。

赵惠文王认为赵奢的话很有道理，派他去救援。

你以为赵奢会直接跟秦军大干一场？**错了！**

勇者赵奢才带队走了三十里就下令停下。大家议论纷纷。

赵奢传令，有谁来给他提打仗的意见的，处死刑（xíng）。

还真有不怕死的！ 一个侦察敌军的士兵说，

他发现秦国的军队驻扎在离邯郸不远的武安，

秦军击鼓呐（nà）喊，操练的声音很大，

把房屋上的瓦都震动了。他建议赵军马上去武安救援。

shēng	zhèn	wū	wǎ

成语 **声振屋瓦** 就是从这里来的。

形容呼喊的声音宏（hóng）大猛烈。**你可以这样用：** 我们赢得比赛的那一刻，整个体育馆声振屋瓦，大家都在为我们欢呼。

军令刚刚下达，就有人往枪口上撞？

赵奢什么话也没说，直接把这个人杀了。之后将近一个月的时间，他既不去阏与，也不打武安。就在秦军以为赵奢不会去救韩国时，赵奢突然下令急行军赶到阏与，抢先一步占领有利地势，

大破秦军！

文可收税，武可破敌！

赵惠文王

赵奢

赵奢一战成名，赵惠文王封赐（cì）他为"马服君"。赵奢的子孙后代以"马服"为姓氏，后又改为单姓"马"。从此，中华姓氏就多了一个"马"姓，赵奢为"马"姓的始祖。

> 哎哟！

赵奢是人才，也得君王会用才行呀！

赵孝成王显然比不上他老爸赵惠文王。

赵孝成王上位后，燕国派军攻打赵国，他竟然割让三座大城给齐国，换取齐国名将田单做赵军统帅。

> 赵国是没人了吗？怎么不用我！

> 听说这个外国武将挺厉害的！

赵奢

赵孝成王

武将直聘

> 唉，"外来的和尚会念经"呀！

赵奢跟赵孝成王分析了各种情况，认为田单是齐国人，让他来做赵国的统帅不会很尽心，

这场战争必然

kuàng rì chí jiǔ
旷日持久，

赵国会被拖死在战场上。

这个成语的意思是长期持续下去或耗费时间过久。"旷"指拖延、荒废、耽（dān）误。**你可以这样用：**爸妈因为一点小小的矛盾，就进行旷日持久的冷战，真不值得。

赵孝成王不信，还是坚持用田单。**结果呢？**
赵国打了一场消耗战，付出了很大的代价，只夺取了燕国几座小城。

之后，秦赵之间那场必然的大战，还在等着赵孝成王呢！

其实如果平原君没有

利

lì lìng zhì hūn
利令智昏

劝赵孝成王收下韩国的上党，这场战争还不会来得这么快。

这个成语的意思是贪图私利而失去理智，把什么都抛到脑后。用于贬义。其中"令"是"使"的意思。**比如**，你可不要被别人一诱惑就利令智昏，改变自己的立场。

原来，秦昭襄王攻打韩国的上党，
韩国守不住，就想把上党送给赵国。

这么一个"烫手山芋（yù）"，赵国敢要？

"烫手山芋"的意思是难办的问题。比喻要解决的事情很难办，但是解决之后又能得到好处。

平原君劝赵孝成王，这么大一座城池，不要白不要！
于是，秦韩战争转化成了秦赵战争！

上天自有安排呀，原来是要我和你打！

秦昭襄王

赵孝成王

打就打，让你尝尝我的拳头！

决定赵国命运的长平之战开始了！

这场战争，秦国和赵国都打得不轻松。

赵国老将廉颇善于防守，他把长平防守得像铁桶一样严密，

让秦军无处"下嘴"。

你倒是打呀！

赵孝成王

廉颇

长平

但是赵孝成王认为，**这样死守太没面子了！**

他使劲催廉颇开打，可廉颇就是不出战。

这时，有人推荐了赵奢的儿子赵括。

还有人告诉赵孝成王，秦军不怕廉颇，只怕赵括。

这下好了，人选有了！

去，把廉颇换了，跟秦军大干一场！

赵孝成王

赵括

等着看我一战成名吧！

打仗又不是儿戏！大将说换就换？

连赵括的亲妈都认为他不行呢！蔺相如也看不下去了，劝赵孝成王别用赵括，他没有实战经验，

用起兵来只怕是会

jiāo	zhù	gǔ	sè
胶	柱	鼓	瑟

。

这个成语的意思是鼓瑟时用胶把弦柱粘（zhān）住，弦柱不能动，音调就不能调整。比喻固执拘泥（jū nì），不知变通。"瑟"是古代的一种乐器。

但是赵孝成王不听。他哪里知道，
"秦军怕赵括"是**秦国故意散播的谣言呢！**

白起，上！

秦昭襄王

白起

战争魔王

赵括还不知道，自己将要面对的是秦国的战神——**白起！**
白起有多厉害？ ——他打过的仗，就没有输掉的！
他的名字一说出来，最吵的小孩子都不敢哭了！

可怜的赵括还以为自己掌握了主动权，
下令让赵军发起全面进攻。而白起一边装作不敌，
把赵军引进秦军的埋伏圈；一边切断赵军的粮道，
让赵军没了补给。**赵军大败！**

为什么我这么惨！

赵括

不知道自己有几斤几两，真是悲剧啊！

不过，赵国的战斗力果然强！
白起这么厉害，也没能迅速结束战争，

在没有粮食补给的情况下，赵军居然还在长平城里坚持战斗了四十六天！直到赵括带队突围被射杀，赵军没了主将指挥，这才投降。这一场长平之战，赵军损失了四十万兵力，太惨烈了！

赵括也成了成语

zhǐ	shàng	tán	bīng
纸	上	谈	兵

的"代言人"。

这个成语比喻空谈理论，不能解决实际问题。也比喻空谈不能成为现实。比如，你总说自己的围棋学得多好多好，你是不是纸上谈兵，咱们比一场就知道了。

实际上，秦国虽然赢了长平之战，**但也是"惨胜"**，秦军的伤亡也很大。白起想要继续进攻灭了赵国，秦昭襄王却听从了范雎的建议，让韩、赵两国割城，秦国就退兵。

> 你小子，输得挺惨吧！割六座城给我，我就放过赵国。

都缓口气

秦昭襄王

赵孝成王

O₂

> 老人家，你伤得也不轻！

割不割? 秦国来的说客楼缓认为，六座城池是

dàn wán zhī dì
弹丸之地，

用来换取来年的和平，很划算呀！

"弹丸"指弹弓用的泥丸、石丸或铁丸，这些丸子都很小。这个成语比喻地方很小。

赵国大臣虞（yú）卿却认为，秦国攻打赵国，可以说是

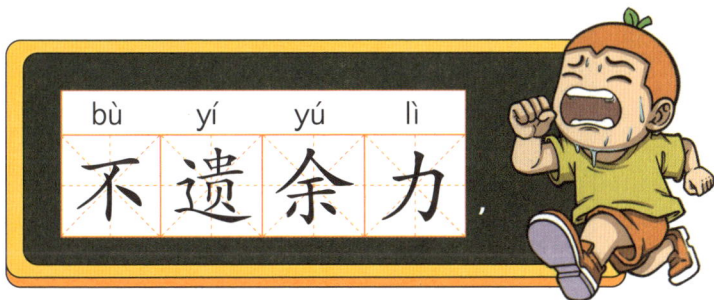

bù yí yú lì
不遗余力，

秦国退兵也是因为军队疲劳。他们肯定不会放弃的。割地解决不了任何问题。

成语"不遗余力"的意思是不留下一点剩余的力量。指把所有的力量都使出来，一点也不保留。"遗"指留。
你可以这样用：他每次上台表演都要求自己全情投入，不遗余力地演绎（yì）角色。

赵孝成王最后决定割让六座城池，
但是他也只是在地图上圈一圈，没有交接。
同时，他组织大家积极备战，迎接秦国的下一次进攻。

果然，秦国缓了缓，没多久又发动了邯郸之战。
但是，白起认为已经错过了灭掉赵国的最好机会，
不肯出战了！

大将军，给点面子，出战吧！

秦昭襄王

白起

不打！我说要打时你不打，现在我不想打了！

唉，白起因为坚持不肯出战，最后被秦昭襄王赐死了。

赵国那边，一方面，老将廉颇领着老弱残兵抵抗；
另一方面，平原君赵胜去楚国、魏国搬救兵。
到魏国搬救兵还好说，写信打个招呼就行，
好歹信陵君是平原君的小舅子，能来个"窃符救赵"。

但想搬到楚国的救兵可没那么容易，
平原君决定亲自去。他召集门客，想从中挑选二十个
又能文又能武的人随行。可他选来选去还缺一人。
这时，**一个名叫毛遂的门客站了出来。**

我来凑个数吧！

平原君

毛遂

这人是谁啊？

你的门客毛遂呀，干啥啥不行，吃饭第一名！

平原君不相信毛遂，他说有才能的人生活在世上，就像锥（zhuī）子放在口袋里，它的锋尖会立刻显露出来。

zhuī	chǔ	náng	zhōng
锥	处	囊	中

这就有了成语 **锥处囊中**。

比喻有才能的人不会长久被埋没，终有一天会显露头角。

你可以这样用：她因为生病了，没有选上这届文艺汇演的主持人。不过锥处囊中，她这么有本领，下次肯定能被选上。

可毛遂都当了三年门客了，没有人知道他的本事，还是别凑数了！

毛遂却说，他这三年一直没有机会进到袋子里，
早把他放到口袋里，那整个锥锋都会露出来，不止露一点点锋尖！

成语 **脱颖而出** (tuō yǐng ér chū) 就是这样来的。

意思是锥子的整个尖部透过布囊显露出来。"颖"就是尖儿。比喻人的才能全部显示出来。**比如，**她在学校的舞蹈比赛中脱颖而出。

平原君一想，也觉得有点儿道理，反正一时也找不到更合适的人，凑数就凑数吧！于是他就让毛遂跟着去楚国了。

我！我我我我我！

毛遂自荐 (máo suì zì jiàn) 成功了！

现在这个成语比喻主动要求担任某项艰难的任务，或自己推荐自己去做事。**你可以这样用：**只要一有力气活，他就会毛遂自荐。

幸好毛遂去了， 不然楚国的救兵还真搬不回来！

来到楚国，平原君和楚考烈王从早谈到晚也没有结果。

毛遂不耐烦了，手按宝剑，走到楚考烈王面前，吓了他一跳——

> 别磨叽（mò ji）了！现在十步之内，您的命可还在我手中呢！

楚考烈王

毛遂

> 学谁不好学蔺相如！你们赵国这 "不要命外交" 真让人受不了！

接下来，毛遂用他的 "三寸不烂之舌"，一一分析了楚国出兵的必要性、重要性、有利性，楚考烈王终于同意出兵。

危急时刻，魏楚大军赶到，**解了赵国的邯郸之围。**

五年后，燕国攻打赵国被廉颇反杀，燕国割城给赵国。

廉颇因此立下大功，重新受到赵孝成王的重用。

那些在长平之战后疏远他的人，又跑来巴结他。

廉颇劝他们回去。他们一点也不羞愧，反而说这样很正常，人和人之间来往就是

shì dào zhī jiāo
市道之交。

这个成语本来指买卖双方之间的关系。比喻人与人之间以利害关系为转移的交情。

还是"刎颈之交"靠得住吧！

蔺相如

廉颇

后来，赵孝成王去世，继位的赵悼（dào）襄王一上来就把廉颇甩到一边，重用乐乘（yuè shèng）。

廉颇受到排挤，生气地攻击乐乘，乐乘逃走。

廉颇跑去魏国躲祸。几年后，秦军再次围攻邯郸，

赵国这次是真的无将可用了！

廉颇，你快回来！赵国需要你！

赵悼襄王

廉颇

老将廉颇前来报到！

赵悼襄王派使者去看廉颇还能不能用。

廉颇一听说国家有难，马上表示**自己还能领兵打仗。**

他邀请使者一起吃饭，一顿饭吃了一斗米、十斤肉。

饭后他又穿上盔（kuī）甲，骑上战马，表演武艺。

这便是 **"廉颇老矣，尚能饭否"** 的典故。

只可惜这个使者早就被人收买了。他回去报告赵悼襄王，
廉颇看上去还行，只是一顿饭的时间上了三次厕所。

赵悼襄王再也不提召见廉颇的事。

唉，一年后，廉颇在忧郁中过世了。

yī	fàn	sān	yí	shǐ
一	饭	三	遗	矢

成语　一饭三遗矢　便由此而来。

"矢" 同 "屎"，指粪便。这个成语用来形容年老体弱或年老无用。

廉颇死后，赵国的实力降到历史新低。

但赵国还有名将李牧！

然而他最后也因为别人的谗（chán）言而被赵王杀害。

从此，赵国再也无力和秦国争霸天下，只能多活一天是一天。

秦国干掉韩国后，**第二个就灭了赵国。**

　　即使最终结局是灭亡，纵观整个战国史，

赵国无疑是最具战斗精神的国家。

5

楚 国:

"熊出没"，请注意！

都快一百年了！

大熊，你都睡了快一百年了！

自从春秋时申包胥救楚后，楚国这头大熊就进入了冬眠期，
一睡就是近百年。看着变法后秒变天下第一的魏国，

楚悼王睡不着了——

春秋争霸，楚国和晋国是主角，其他国家都是龙套。
现在到了战国，楚国怎么说也是地盘最大的国家，
难道要被从晋国分出来的魏国比下去吗？

我要变法！

楚悼王

吴起

我来了！

天下第一"狠人"吴起来了！

一个很平常的下午，吴起敲开楚国的宫门求见楚悼王。
楚悼王早就听说了吴起的大名，他像抓到一根救命稻草一样，
赶紧任命吴起为国相，让他也给楚国变变法，改改革。

楚国就拜托你啦！

吴起

楚悼王

屈 景 昭

楚

打仗我在行，变法只能"抄作业"了！

吴起在魏国多年，**"抄"李悝的作业还是会的。**
楚国是一个典型的贵族掌权的国家，楚悼王也常常要看
屈、景、昭三大家族的脸色。吴起根据楚国的特殊情况，
制定了新的律法，重点就是四个字：**打击贵族。**

政令一出，炸锅了！

楚悼王

吴起

这不是改革，这是砸饭碗！

让吴起滚出楚国！

律法颁（bān）布了就得执行。

在楚悼王的大力支持下，变法磕磕绊（bàn）绊进行了几年，

取得了一些成绩，但得罪的贵族比打击的贵族要多得多。

没多久，对贵族来说，一个"大喜日子"突然降临——

楚悼王去世了！ 在楚悼王的葬（zàng）礼上，

贵族们把吴起逼到楚悼王的灵堂前。

就在他们以为可以干掉吴起的那一刻，吴起往楚悼王身上一趴，

把那些射箭的贵族送进了坟（fén）墓——

依据楚国法律，毁坏国君的尸体是大罪，要被灭三族！

接过王位的楚肃王明白了吴起的良苦用心，
把心一横，将七十多家贵族都灭了三族。

权力回归国君，变法成功了！

再以后，到了楚宣王时期，贵族再厉害，
也不过是 **"狐假虎威"** 了！

大臣江乙和有些担心自己权力的楚宣王曾有下面的对话：

为什么北方各国这么怕昭奚恤
（zhāo xī xù）将军呢？

战国新闻

楚宣王

江乙

我给您讲个老虎和狐狸的故事吧……

昭奚恤掌握楚国的军政大权，敢在楚王面前说真话，
各国诸侯都知道他。

故事你们应该都听过：老虎抓住狐狸，要吃掉它。
狐狸骗老虎说自己是上天派来管百兽的王。老虎不信，
狐狸就要它跟着自己去百兽面前走一趟。
结果，百兽一看见它们都跑了。

老虎这下相信了狐狸的话，放了它。
老虎不知道百兽害怕的其实不是狐狸，
而是跟在狐狸身后的自己。

这就是 **狐假虎威**（hú jiǎ hǔ wēi）的故事，

语文课本里有。

这个成语比喻倚（yǐ）仗别人的势力来欺压或吓唬（xià hu）人。
"假"指借。**你可以这样用：**他经常用狐假虎威这一招对付我。

楚宣王立刻明白了，北方各国怕的不是昭奚恤，而是自己的权势。
楚国这只大熊渐渐恢复往日的雄风了！

到了楚威王的时代，楚国占据了当时南方一大半的疆域，
**它像一头生猛的大熊一样盘踞（jù）着，
凶猛地盯着中原各国。**

这天下是秦国的还是楚国的，说不定呢！

楚威王

在西边，楚国经常与秦国交战。

夹在秦楚之间的一些小诸侯国为了自己的安全，
像"墙头草"一样，有时候投向秦国，有时候投向楚国。

这就是成语 **朝 秦 暮 楚**（zhāo qín mù chǔ）的由来。

意思是反复无常。用于贬义。

苏秦来劝楚威王"合纵"时说，秦国最大的忧患是楚国，**两国仇很深、矛盾大，不能同时存在，**用成语说就叫

shì　bù　liǎng　lì
势 不 两 立 。

楚威王非常认同苏秦的看法，也很支持"合纵"。

一想到楚国去攻打秦国不一定能赢，楚威王就

wò　bù　ān　xí
卧 不 安 席 、

shí　bù　gān　wèi
食 不 甘 味 。

"卧不安席"指不能安安稳稳地睡在床铺上。形容心里有事，睡觉也不安稳。"席"是床铺。"食不甘味"指吃东西不能感到它的美味。形容心里忧虑或操劳。"甘味"是滋味美好的意思。**你可以这样用：**听到爷爷摔坏腿的消息，爸爸卧不安席，食不甘味，恨不得马上飞到爷爷身边照顾他。

楚威王听说庄子很有才学，派人带着一堆钱财和珍宝去请庄子辅佐他。**可被庄子拒绝了。**

庄子说自己宁愿做一只活乌龟，拖着尾巴在泥水里爬行，也不愿意做庙堂里被供起来的死神龟。

成语 **曳尾涂中**（yè wěi tú zhōng）就是这样来的。

原意是庄子觉得与其当大官，受别人的管束，不如隐居起来，安心地过穷日子。后也比喻在污浊的环境里勉强地活着。"曳"是"拖，牵引"的意思；"涂"指污泥。

楚威王

一起逍（xiāo）遥游！

庄子

我也想，可是我的时间不多了……

楚威王在位的十一年里，楚国变得越来越强大。
如果时间再多一点，也许他真有实现理想去逍遥游的一天。
可惜，**老天没给楚威王足够的时间！**

这样一个有着无限可能的国家，却迎来了一个笨王——楚怀王！

> 你们都不了解踩泥坑的快乐！

楚怀王

> 泥坑不能踩！

> 提示一下，这楚怀王的智商，你们应该在第一章秦国"诱秦诓楚"的内容里见识了吧！忘了的，去前面温习一下。

楚怀王被张仪骗是后来的事，他刚上位时表现还是不错的。
他上位六年时，派昭阳将军打败魏国，得了八座城池。
后来楚国又调军准备去攻打齐国，
齐国的谋士陈轸（zhěn）来见昭阳将军，给他讲了个故事：

几个人为了喝酒，举行了画蛇比赛。其中一个人先画完了，
本来可以直接喝到这杯酒，可他又去给蛇画脚，
结果比他慢一点画完蛇的人抢过酒杯，说蛇没有脚，
添了脚的蛇就不是蛇了。

huà shé tiān zú

这就叫 **画蛇添足**。

比喻做了多余的事，不但没有好处，反而坏了事。**比如**，这幅图已经很完美了，你就不要再画蛇添足了。

昭阳将军听懂了陈轸的意思，自己去打齐国，就是画蛇添足呀！于是他退兵离开齐国。楚怀王也没有继续打下去。

后来，六国合纵攻秦，他还当上了纵长（相当于总指挥官）呢！

当然，也因为六国攻秦，秦国开始采取张仪的"连横"策略，

这才有了后来"诱秦诓楚"的事！

"诱秦诓楚"这段掐（qiā）掉吧，都怪我太天真！

楚怀王

掐掉有什么用，你又不止天真这一回！

楚国和秦国"吵架"，才有了"祖宗十八代"的说法？

哈哈，是的！我们平时说的"祖宗十八代"，就跟楚国和秦国有关！

那为什么不是十七代，不是十九代，而是十八代呢？这就要将（lǚ）一将两国的来往了。

相传春秋战国时期，秦国和楚国一直是你嫁女儿过来，我嫁女儿过去，用联姻维持结盟的关系。从秦穆公到秦惠文王总共十八代。在秦惠文王在位时，楚怀王作为纵长，率领六国军队攻打秦国，两国关系从此破裂！

秦惠文王去世后，他儿子秦武王即位，两国结束了持续十八代的联姻。《诅（zǔ）楚文》就是这个时候产生的。

《诅楚文》的大意是：在秦国的祖先秦穆公和楚国的祖先楚成王时，两国关系好，不仅联姻，还起誓子孙后代永不侵犯。而你楚怀王却背叛了誓言，率领各诸侯国的军队攻打秦国，楚怀王你对不起自己的祖宗十八代。

现在，这个故事没多少人知道，但"祖宗十八代"的说法却流传了下来。那"祖宗十八代"是指从自己往上数十八代吗？不是的！东汉时期的《尔雅》（中国第一部词典）一书对"祖宗十八代"下了定义，即"祖宗十八代"是对自己上九代、下九代宗族成员的称呼。

后来, **陈轸"跳槽"来给楚怀王当谋士了。**

有一天, 谋士杜赫 (hè) 说他能去争取赵国的力量对付秦国。

楚怀王立刻要封他为五大夫, 陈轸建议等杜赫成功了再封赏,

毕竟
wú	gōng	shòu	lù
无	功	受	禄
不太好。

"禄"是古时官吏的酬 (chóu) 劳。这个成语的意思是没有功劳而接受优厚的待遇。后多指没有出力白受报酬。

没有爵 (jué) 位和钱财, 杜赫才不干呢!

陈轸也算是让楚怀王"避坑"了。

但是他挡不住楚怀工往张仪的"坑"里跳呀!

大王, 他这是在"坑"你啊!

别拉我, 我要投资大项目!

陈轸

楚怀王

喂! 你好, 我是秦国国相张仪, 这里有个不费一兵一卒就能获得六百里地的好项目介绍给你……

被张仪诓骗后，楚怀王气得组织大军

和秦国在丹阳、蓝田连打两场。

结果呢？楚国被打败了！

丹阳之战，楚国主将被杀，七十多个将领被俘虏，八万士兵被斩杀，
还丢了汉中；蓝田之战继续败，又割了两座城池给秦国。
韩国和魏国也乘机占了楚国不少土地。

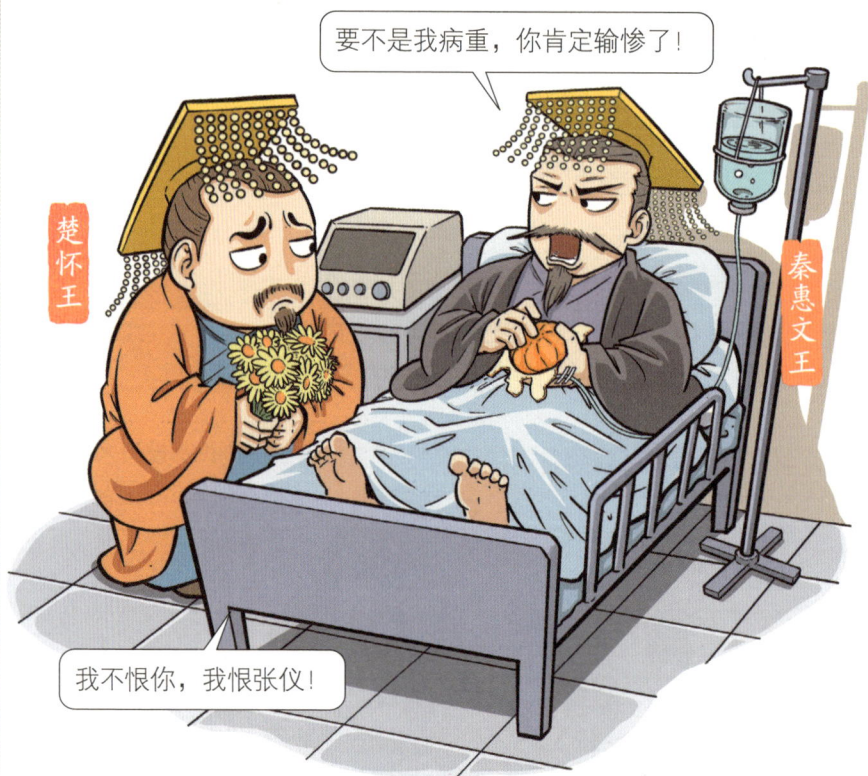

要不是我病重，你肯定输惨了！

楚怀王

秦惠文王

我不恨你，我恨张仪！

毕竟是亲戚，秦惠文王也不想做得太绝，
他拿出汉中一半的地盘分给楚国，说大家以后还是"朋友"。

但是楚怀王居然不要地，要张仪？！

原来他是想杀张仪解恨呢！ 但是张仪不仅不怕他，还主动要求去楚国。原来张仪早就收买了楚怀王的大臣和宠妃，让他们哄骗楚怀王。唉，楚怀王的智商真不行，不但把张仪释放了，还被张仪"忽悠"得团团转，要跟秦国和好呢！

> 给您推荐这款优惠套餐，只需要抵押一个太子，就能成为秦国的永久贵宾！

张仪

楚怀王

> 哇，不错呀！

什么？又跳"坑"里了？ 刚从齐国回来的屈原生气了：不是要和齐国和好吗？自己好不容易办好了和齐国联盟的大事，楚怀王怎么又变卦了？**屈原大喊一声：**

huáng zhōng huǐ qì wǎ fǔ léi míng

黄钟毁弃，瓦釜雷鸣！

这是一个成语，意思是把黄铜做的钟砸烂抛在一边，却把泥土烧成的锅敲得很响。"黄钟"是一种古代乐器，它敲起来的声音被认为是正统的乐音；"瓦釜"是泥土烧成的锅，敲打出来的声音简直是噪（zào）声。比喻有才德的人不被重用，没有才德的人却当上大官。

被同一块石头绊倒两次，我服了你！

屈原

楚怀王

之前，楚怀王很看重屈原，不但让他管理国家大事，
还要他制定律法，准备变法。

有个和屈原职位相同的上官大夫，很嫉妒屈原的才能，
想把变法的内容当作自己的，先拿给楚怀王看。
可屈原还没修订完成，不肯给他。
这下屈原彻底得罪了他。

上官大夫跑到楚怀王那儿说屈原的坏话，说屈原制定出新的律法后
很得意，还自夸除了他以外，谁也做不出来……
楚怀王听了很生气，从此就疏远屈原了。

变法不是你的特长，回家搞创作吧！

屈原

楚怀王

屈原被放逐了。

屈原的《离骚（sāo）》是中国古代最宏伟的长篇抒情诗，里面用了很多"兮"字。"兮"相当于我们现在的感叹词"啊""呀"。自《离骚》以后，这种"兮"来"兮"去的诗歌就被叫作"骚体诗"。后来人们把这类诗收集起来，形成以屈原作品为主的诗歌总集《楚辞》。

齐国被"放鸽子"后，
齐宣王不能忍，也不需要忍呀！

我大齐国可不是你们楚国想拉手就拉手，说绝交就绝交的！

几年后，齐宣王拉上韩国和魏国杀向楚国，开启了**垂沙之战。**

这一次，楚国败得更惨，不仅全军覆没，还失去了大片土地，最后把太子横送去齐国做人质。

让你知道"放别人鸽子"的下场！

知道了，知道了，我这就回去检讨自己！

齐

韩

魏

楚怀王

受了教训，楚怀王的脑子好像清醒了点，他把屈原叫了回来。屈原一边骂自己为什么不

chéng	gēng	chuī	jī
惩	羹	吹	齑

换一种潇洒的活法；一边又乖乖打包好行李，踏上了回程。

这个成语的意思是被热汤烫过嘴，吃冷菜时都要吹一吹。比喻受到过教训，遇事过于小心。"羹"指肉、菜等煮成的热汤；"齑"是切碎的冷食肉菜。**你可以这样用：** 自从七岁那年吃鱼，被鱼刺卡住喉咙（lóng），他就惩羹吹齑，再也不吃有刺的食物了。

屈原回来没多久，楚怀王接到了秦国新上任的国君——秦昭襄王的请帖，让他去武关会面。

去，还是不去呢？

楚怀王的小儿子子兰觉得老爸应该去，这样才不会影响楚秦两国的友好关系。屈原觉得秦国是虎狼之国，没有信用可言。毕竟垂沙之战后，秦国乘机打了楚国两回了。**这次会面肯定是个"大坑"，千万不能跳！**

骗你十回，打你无数回的人，值得相信吗？

屈原

楚怀王

我们是亲戚，不至于吧？

秦楚确实是亲戚，但秦是会把你关起来、**逼你割地的亲戚！**

楚怀王去了秦国，但他宁死也不答应割地，并想尽办法逃出来，可惜还是没逃得过秦国的"魔爪"，后被抓回去，病死在秦国。楚怀王的遗体被送回楚国时，"楚人皆怜之，如悲亲戚"。

毕竟楚怀王是个会

xuě	zhōng	sòng	tàn
雪	中	送	炭

有仁德之心的君主。楚国的老百姓不会忘记在那个寒冷的冬天，楚怀王命人给他们送去木炭，让他们能抵御（yù）严寒。

"雪中送炭"比喻在别人困难时给予帮助。**比如，**付款时，我的手机刚好没电了，你的充电宝真是雪中送炭呀!

在楚怀王被秦国关押的时候，从齐国回来的太子横上位成了楚顷（qīng）襄王，他还真不太愿意把老爸救回来，自己回去当人质。而那个劝楚怀王去赴约的子兰更怕，**他担心老爸回来了他没好果子吃。**

所以，当屈原一遍又一遍地请求他们积极营救楚怀王时，他们只觉得很烦，**于是炒了屈原的鱿（yóu）鱼，**让他去江南"冷静冷静"。

这时楚国的朝堂乱得不行，

真是

jǔ	shì	hùn	zhuó
举	世	混	浊

!

"举"指全。这个成语比喻世道昏暗。

很多人

diān	dǎo	hēi	bái
颠	倒	黑	白

，

也就是把黑的说成白的，把白的说成黑的。指故意改变事物本来的样子，歪曲事实。

这样的地方有什么可留恋的呢?

屈原头也不回地离开了国都。

而他的学生宋玉，现在正陪着楚顷襄王吹风呢!

这风吹得太爽了，楚国百姓也和我一样在享受这风吧！

楚顷襄王

宋玉

这是您一个人独享的风，百姓享受不到的！

宋玉的物理是怎么学的？ 风是自然界流动的气体，

难道还会分贵贱高低地吹到每一个人的身上吗？

楚顷襄王问宋玉这么说有什么依据。

宋玉说，枳（zhǐ）树弯曲的枝丫会招来鸟雀做窝，
有孔洞或者空穴的地方就会来风。

成语　kōng xué lái fēng　空穴来风　就是从这里来的。

比喻自身存在弱点，流言就会乘机传出来。后指消息或者传言不是没有原因的。由于广泛的误用，现在也指消息或传言的产生毫无根据。比如，大家都说我中了大奖，这根本就是空穴来风。

你可别误会，宋玉并不是在拍马屁！

重点在后面——他说楚顷襄王吹的是雄风，百姓吹的是雌风。

雄风吹得人心情舒畅，雌风吹得人生病郁闷。**听懂了吗？**

宋玉是在讽刺楚顷襄王只顾自己过得奢侈（chǐ）舒服，

却不管百姓过得凄凉悲惨呢！

宋玉其实和屈原一样优秀，并且都有一颗爱国心，

所以宋玉才可以和屈原并称"屈宋"！

也因此，宋玉遭到了很多人的嫉妒。

楚顷襄王每天都能听到一箩筐关于宋玉的坏话，

听得耳朵都起老茧（jiǎn）了。

他怪宋玉为什么那么优秀，都不给别人留条活路。

宋玉是这么解释的——

一个人唱《下里》《巴人》这种楚国通俗的流行歌曲时，**会有数千人跟着唱。**

宋玉

《下里》和《巴人》送给大家！大家一起唱起来！

成语
xià	lǐ	bā	rén
下	里	巴	人
就是从这里演变而来的，

现在泛指通俗的文艺作品。

宋玉

当他唱高雅歌曲《阳春》和《白雪》时，**能跟着唱的不过数十人。**

接下来演奏《阳春》《白雪》。

这就是成语 **阳春白雪** 的由来，

yáng chūn bái xuě

现在泛指高深的、不通俗的文学艺术。看出来了吗？
"下里巴人"和"阳春白雪"正好是反义词！

"下里巴人"的受众还是多一些的。

宋玉

"下里巴人"和"阳春白雪"，我都喜欢。

很明显，乐曲的格调越高，能跟唱的人就越少，

这就是 **曲高和寡**。

qǔ gāo hè guǎ

"和"是第四声，指跟着别人唱；"寡"是"少"的意思。这个成语比喻思想言论或文艺作品不通俗，能理解的人极少。**比如**，有的艺术家创作的作品太"艺术"，大众无法欣赏，他们就会感叹"曲高和寡"。

宋玉是要告诉楚顷襄王有人看不惯他，说他的坏话很正常，不用太过在意！

可宋玉再好也打不了仗！

秦国这头饿狼可一直惦（diàn）记着楚国这块大肥肉呢！

后来，秦国发动了**拔郢（yǐng）之战，**

白起到楚国完成了他的"成名作"！

家业庞大的楚国丢了都城郢都和一半的国土。

楚顷襄王逃到了陈县并在那里建都，称为"郢陈"。

在秦人的狂欢和楚人的哀伤中，

屈原来到汨（mì）罗江边，抱起一块石头就要往下跳。

屈原

好死不如赖活着，你别想不开呀！

我情愿去喂鱼，也要保持自己的品德！

一位老渔夫劝屈原

suí bō zhú liú
随 波 逐 流。

意思是随着波浪起伏，跟着流水漂荡。比喻没有坚定的立场和主见，随着多数人说话或办事。**你可以这样用：** 爸爸常说，一个人如果没有信念就像船没有方向，只能是随波逐流。

可屈原要是愿意随波逐流，还会被流放吗？
他写下绝笔《怀沙》，沉江而死。
屈原的这种爱国精神太伟大了！
现在每到**端午节，**人们都会缅（miǎn）怀他。

迁都以后，楚顷襄王总算有了点"长进"。
他把因为多次进谏而被赶出楚国的庄辛请回来。
庄辛一回来就说了两个成语，鼓励楚顷襄王整顿力量，再战秦国。

一个成语是

jiàn tù gù quǎn
见 兔 顾 犬。

意思是看到兔子，就回头叫唤猎狗去追捕。"顾"指回头看，招呼。比喻事态虽紧急但及时想办法还来得及。

另一个成语是 **亡羊补牢**。

wáng yáng bǔ láo

意思是羊丢了赶快去修补羊圈（juàn），不算太晚。"亡"是丢失；"牢"指关牲口的圈。比喻出了问题后及时想办法补救。

你可以这样用： 老师说更正错题就是亡羊补牢，非常重要。

这个成语故事大家很熟悉，语文课本上就有。

楚顷襄王的斗志被鼓舞起来了。他先在楚国东部集结起几十万大军反攻秦国，成功收复了十五座城池。

然后他找到一个**口才不输张仪的人**——黄歇（xiē），也就是后来被称为"战国四君子"之一的春申君，让他去秦国谈判。

帮忙去签个《秦楚互不侵犯条约》吧！

黄歇

楚顷襄王

没问题！

黄歇来到秦国游说秦昭襄王和楚国

hé	ér	wéi	yī
合	而	为	一

进逼韩国，让韩国不敢乱来。

"合而为一"的意思是合为一体。

秦昭襄王觉得黄歇说得有道理，就取消了进攻楚国的计划，转而和楚国结盟。楚顷襄王让黄歇陪太子熊完去秦国做人质，**这一去就是十年。**

一定要保护好我的孩子呀！

黄歇

楚顷襄王

楚太子熊完

放心，我一定把他平安带回来！

十年后，楚顷襄王病重，秦国却不愿意放太子熊完回国。**黄歇再一次施展口才，** 说服秦国国相范雎，让范雎认为楚太子回国才是对他、对秦国最有利的。

然后黄歇让太子装扮成普通人，偷偷溜（liū）回楚国，
自己留在秦国拖延时间。暴脾气的秦昭襄王知道后非常生气，
要杀黄歇，幸好范雎及时劝阻，最终黄歇得以平安回到楚国。

之后，太子熊完成了国君，也就是楚考烈王。

他任命黄歇为国相，封春申君。

几年后，春申君把封地换成了江东，也就是今天的苏州、上海一带。

> 你选的这个地方真不错，有发展潜力！

春申君

楚考烈王

> 都是您的国土，您的子民！

春申君真是楚国的一道光！

在秦对赵的长平之战中，他率领的楚军和信陵君率领的魏军联手，
大败秦军，解除了赵国的危机。两年后，春申君又灭掉了鲁国。

楚国有了复兴的迹象！

三千多人吃喝拉撒，一个月开销不少呀！

春申君虽然是"战国四公子"
中年龄最小的，
但家里的门客却是
四公子中最多的，
有三千多人！

春申君

楚考烈王

跟您三十万大军比，只是毛毛雨啦！

话是这么说，但普通士兵的待遇和春申君的三千门客是没法比的。
有一次，赵国的平原君派使臣来访，
他们想炫（xuàn）耀赵国的富有，就精心打扮了一番。
但是，当他们看到春申君三千门客中的上等门客个个穿着
缀（zhuì）满珍珠的鞋子，简直惊呆了，于是不再"炫富"了。

sān	qiān	zhū	lǚ
三	千	珠	履

成语 **三千珠履** 就来源于此。

形容贵宾众多且生活豪华奢侈。"珠履"指
鞋上用珍珠做装饰。

哇！你们的鞋子真好看！

可是，楚国还是迎来了灭亡的结局！

秦国强大到让所有诸侯国都害怕，大家决定联合起来讨伐秦国。
由楚考烈王当纵长，春申君做主帅。
春申君带着六国军队到达函谷关。

结果——秦军出关应战，六国军队战败溃逃。

楚考烈王认为战败是春申君的错，从此渐渐地冷落他。

后来，春申君死了。**事情是这样的：**
楚考烈王一直没有儿子，春申君为此很着急。
他的门客李园将妹妹李环献给他。李环怀孕后，
劝春申君把自己献给楚考烈王，

说未来的楚王就是春申君的儿子。

春申君居然同意了！李环入宫后深受楚考烈王宠爱。
她生的儿子被立为太子，她被封为王后。

这就是成语 **移花接木** 的由来。
yí huā jiē mù

本义是把一种花木的枝条或嫩芽嫁接在另一种花木上。现比喻暗中用手段更换人或事来欺骗别人。用于贬义。**比如，**你想偷懒，也不能移花接木用别人的图片合成后当作自己的。

后来楚考烈王病重，春申君手下一个叫朱英的门客劝春申君杀掉李园，**避免后患。** 但春申君认为自己对李园挺好的，李园又是个老实人，他不忍心杀李园。

这就是

当断不断，反受其乱 呀！
dāng duàn bù duàn   fǎn shòu qí luàn

果然，朱英说的"后患"来了！
成了国舅爷的李园受到重用，
产生了杀死春申君保守秘密的想法。
他暗中收买刺客，趁楚考烈王去世，
春申君入宫奔丧的时机，杀了春申君。

这真是 无妄之灾 啊！
wú wàng zhī zāi

这个成语的意思是意想不到的灾祸。"无妄"指意外，不能预料。

有事好商量！

春申君

李园

可你挡着路了！

十几年之后，秦国又一次大举进攻楚国，

这次楚国再也没有谁能挽救局势了。

继魏国之后，楚国成了第四个被秦国灭亡的国家。

6

燕国:

玩的全是"心跳"

燕国？ 什么时候飞来的？ **好像一直没有存在感呢！**

哈哈，就连燕国的始祖周召（shào）公自己都没去燕地管理过！

周朝刚刚建立时，周召公忙着辅佐周武王，

整天在都城镐（hào）京的一棵甘棠（táng）树下工作。

周召公去世后，百姓都很怀念他，不忍心砍伐那棵甘棠树，

还写了一首叫 **《甘棠》** 的诗来称颂（sòng）他。

周召公

不急，不急，一个一个来。

召公，也称召伯，他和周公姬旦都是周武王的兄弟。召公与周公姬旦齐名，他们一起辅佐了武、成、康三位君王。召公的封地在蓟（jì，后来的燕地），他派自己的儿子去管理，后来就成了燕国。

《甘棠》中写道：

蔽（bì）芾（fèi）甘棠，勿翦（jiǎn）勿伐，召伯所茇（bá）。

蔽芾甘棠，勿翦勿败，召伯所憩（qì）。

蔽芾甘棠，勿翦勿拜，召伯所说（shuì）。

（"翦"同"剪"。"伐"是"砍伐"的意思。

"说"同"税"，意思是休息、停留。）

诗短情长呀！

百姓说，甘棠树郁郁葱葱，（我们）不要剪不要砍伐，要细心养护。因为召公曾经在这里休息、停留过。

现在，用成语形容百姓对官吏的爱戴，就叫

gān	táng	zhī	ài
甘	棠	之	爱

召公啊，辛苦您再加个班吧！

成语

wù jiǎn zhī huān
勿 剪 之 欢

比喻不遗弃友人的遗物。

百姓用甘棠树思念召公，其实是

dǔ wù sī rén
睹 物 思 人。

意思是看见离别的人留下的东西，就想起这个人。"睹"指看见。**你可以这样用：**爷爷去世后，我们拿起他做的小玩具，不禁睹物思人，想起了他和蔼的面容。

也许正因为有召公这样有德行的先祖庇（bì）护，燕国成了 **"兵家不争之地"**。春秋和战国前期，燕国一直都很安静，几乎没有参加过大国的称霸活动。

燕国和韩国哪个更弱？

如果问战国七雄里谁最强，可能还要限定个时间段；但是如果问谁最弱，答案很肯定，就是燕国和韩国这对"弱小双胞胎"。如果非要问谁更弱，咱们就得列一列条件比一比了！

比地盘和人口：韩国是"战国七雄"中地盘最小的国家，但人口多。燕国的地盘比韩国大，但人口少。

比经济实力：肯定是韩国强！韩国地处中原，交通便利，经济发达，手工制造业尤其突出。韩国有宜阳铁山，在各国还在用青铜做武器时，韩国就用铁打造了战国的超级武器——弓弩。据说铁制的弓弩可以射出八百米，八百米内可射穿盾甲。这种"黑科技"在秦国的统一战争中发挥了很大的作用。

那军事实力呢？前期，燕国经常打山戎；后期，燕国还差点灭了齐国，实力当然不一般。韩国虽然一直挨打，但也灭过郑国这样的小强国。何况韩国还硬扛过那么多大国侵犯呢！

比人才吧，两国也差不多。韩国有申不害变法，后来还出现了韩非子这样的人物（可惜自己没用上）。而燕国的燕昭王时期，也有大量人才涌入，燕国因此强盛过好一段时间。

大多数人认为韩国之所以是战国七雄中第一个被灭掉的，是因为其位置离秦国较近。而燕国的灭亡时间比较靠后，是因为和秦国离得远呀！

所以，燕国和韩国到底哪个更弱？你有答案了吗？

赶紧回正题。 时间来到战国中后期，
从燕文侯遇到"那个人"开始，燕国在争雄的斗争中，
存在感"哗哗"地刷起来了！

坐稳了，我们要向着霸业加速了！

苏秦

燕文侯

好！怎么猛怎么来！

"那个人"就是苏秦！

从鬼谷子那儿毕业后，苏秦外出游历了好多年，
把钱全花光了，狼狈地回到家。
他老婆一看，哇，怎么混成这"鬼"样子？于是根本就不理他。
他嫂子也不给他生火做饭，还抱怨他活该。
最惨的是，他老爸老妈也不跟他说话。

他回的是自己的家吗？走错门了？
苏秦觉得又羞又惭，**拿起锥子和《太公阴符》，**
决定继续苦读。

肯定是我还没读透！

苏秦

别冲动！受了伤不是更耽误学习吗？

还记得吗？苏秦就是"悬梁刺股"中"刺股"的主人公。《太公阴符》又称《周书》或《太公》，传说是姜太公留下来的。

一年后，苏秦从《太公阴符》中研究出了一套理论，就跑去秦国。**他很重视个人形象包装，**在秦国吃、穿、住、行都要最好的。
可是他写了很多计划书给秦惠文王，都没有回音。

时间一长，苏秦就 裘(qiú) 弊(bì) 金(jīn) 尽(jìn) 了。

意思是皮衣穿破了，钱用完了。比喻生活穷困。"裘"指皮衣。

还好，步行不要交过路费！

苏秦

加油，走一个月就能到赵国了！

苏秦改道赵国，又碰了壁，他决定改变策略——
北上，去燕国！"人弃我取"呀！

燕文侯又惊讶又感动。
他没想到竟然有人愿意从繁华都城来他的边远地区，
于是掏心窝子地对苏秦好。
他有什么好吃的好穿的，都跟苏秦分享。
苏秦也被感动了，提出了"合纵"的计划，
并强调燕国应该和赵国合纵，把赵国当作屏障。

燕文侯赞同苏秦的观点，给了他很多钱财和珠宝，
好好地把他包装了一番，让他去游说各国了。

未完待续……

福利时间

"会说话" 真的很重要！
想要好口才就来看这里！

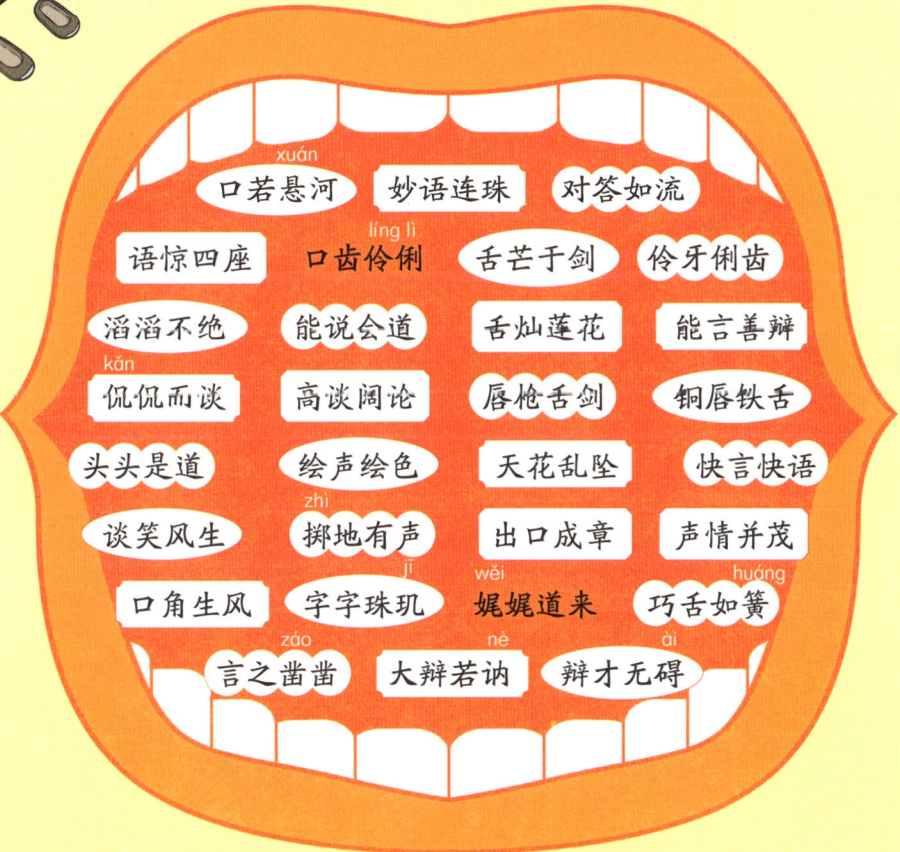

口若悬河 妙语连珠 对答如流

语惊四座 口齿伶俐 舌芒于剑 伶牙俐齿

滔滔不绝 能说会道 舌灿莲花 能言善辩

侃侃而谈 高谈阔论 唇枪舌剑 铜唇铁舌

头头是道 绘声绘色 天花乱坠 快言快语

谈笑风生 掷地有声 出口成章 声情并茂

口角生风 字字珠玑 娓娓道来 巧舌如簧

言之凿凿 大辩若讷 辩才无碍

张仪、苏秦凭着"三寸不烂之舌"搅动了一个时代的风云。
不过咱们学习不仅要会说，还要会做。

图书在版编目（CIP）数据

呀，成语就是历史.第1辑.战国.②/国潮童书著
. -- 北京：台海出版社，2023.11

ISBN 978-7-5168-3651-4

Ⅰ.①呀… Ⅱ.①国… Ⅲ.①汉语－成语－故事－少
儿读物 Ⅳ.① H136.31-49

中国国家版本馆 CIP 数据核字 (2023) 第 184225 号

呀，成语就是历史.第1辑.战国.②

著　　者：国潮童书　　　　　　　　图画绘制：丁大亮
责任编辑：戴　晨

出版发行：台海出版社
地　　址：北京市东城区景山东街 20 号　　　邮政编码：100009
电　　话：010-64041652（发行，邮购）
传　　真：010-84045799（总编室）
网　　址：www.taimeng.org.cn/thcbs/default.htm
E－mail：thcbs@126.com

经　　销：全国各地新华书店
印　　刷：天津海顺印业包装有限公司
本书如有破损、缺页、装订错误，请与本社联系调换

开　　本：710 毫米 ×1000 毫米　　　　1/16
字　　数：500 千字　　　　　　　　　印　张：63
版　　次：2023 年 11 月第 1 版　　　　印　次：2025 年 4 月第 3 次印刷
书　　号：ISBN 978-7-5168-3651-4
定　　价：300.00 元（全 10 册）